NOS

Thiago Camelo

Descalço nos trópicos sobre pedras portuguesas

Para Ana, Ernesto, Leonardo e Marcelo.

7	OLHO PARA A FRENTE
11	AGORA JÁ É PASSADO
25	O GUINDASTE SOBRE A CIDADE É UM ESQUADRO GIGANTE
27	A ILHA NÃO É UM SONHO
33	BERNARDO ENTROU AQUI EM CASA
41	UM LÍQUIDO PRETO ESFUMAÇA
45	AQUI
47	A LUZ DA MANHÃ
49	HISTÓRIAS TRISTES PRECISAM SER CONTADAS
67	A MIM PARECE INADIÁVEL
69	UM LEVE TREMOR NA PÁLPEBRA ESQUERDA
73	UMA PAISAGEM PARTICULAR
75	NESTE LUGAR DE MÉTODOS E MEIOS
77	VOCÊ ME CHAMA DE MONTANHA
81	VOCÊ ME CONHECE, EU NUNCA DURMO

OLHO PARA A FRENTE
é um corredor amplo de avião
um lugar no Atlântico
o voo muito vazio.
Elisa, fileira do meio
travesseiro verde sobre o rosto
barriga para cima e braços cruzados
30D, 30E, 30F e 30G
os televisores não funcionam
a aeromoça diz Houve uma pane
pane nunca deveria ser dito
dentro de um avião
uma turbulência estranha
Elisa agora dorme de lado
do lado de fora não há referência
não vejo mar abaixo de mim
não há Sol nem Lua
é um cenário azul e branco.
Elisa, jaqueta preta
saia cinza florida altura certa da cintura
dorme arrumada
à sua frente
também em quatro lugares vazios
um senhor alto
aliança mas sem mulher
é um saco de pele sem ossos.
A mão direita escorrega
um morto em uma mesa cirúrgica
minutos com o braço dormente
vai acordar
o sangue vai preencher os vasos sanguíneos
o formigamento vai passar
o susto momentâneo vai passar

vai bocejar alívio.
Pessoas deitadas semimortas
em algum momento
voar se tornou deprimente
anseio pela noite
vai demorar, voamos contra o fuso
anseio pela boa melancolia
as últimas horas de voo
as luzes de cidades brasileiras.
O senhor recolheu a mão morta
frustrou toda a cena dos vasos sanguíneos
o avião está frio, cheio de uma tristeza ruim
o aboio ininterrupto das turbinas
coloco fones antirruído
a máquina gigante silencia
agora não tão colossal
não tão improvável
muitos movimentos inapropriados
esbarro em algo
os fones deslizam sobre as minhas orelhas
até que ouço o barulho todo
o medo de voar retorna
o ronco do senhor
ele acorda
assusta-se com os próprios sentidos
logo dorme novamente, invejo-o.
Olho para a frente
carpete cinza e azul
motivos verdes espalhados
a ordem é aleatória
nenhum padrão nas formas do carpete
são quatro tracinhos verdes sem sentido.
Todos dormem com mais do que precisam

no chão, os restos
cobertores vermelho-sangue
travesseiros, eu não durmo
a maioria das janelas está fechada
do lado de fora uma cúpula
teto e paredes azuis, chão branco acinzentado
essa imagem
é a Terra
me inspirava
agora tudo aqui dentro
tudo lá fora é paisagem triste
triste
não quero melancolia útil
nem inspiração
quero chegar de volta.
Elisa vira para o lado oposto
ainda dorme
pessoas começam a se levantar
mexem o corpo em vão
ninguém está descansado
um homem passa pela quarta vez por mim
é baixo, jovem e um pouco calvo
em todas as ocasiões
mãos espalmadas sustentam um copo de água
o gesto me assopra
e é urgente saber agora
esse homem é português
ou brasileiro
abro a janela
a luz baixou, o azul está mais escuro
penso no encanamento para consertar
no nosso gato, nos cômodos da nossa casa
ainda não penduramos nenhum quadro

esses pensamentos vibram
eles me atravessam e somem
não importa
caiu em mim um desses raios impetuosos
uma força instantânea
ou o maior acaso
não importa
é arrebatador
os televisores não funcionam
ainda não há mapa nem rotas
mas sinto claramente o deslocamento
a direção
e o sul.

AGORA JÁ É PASSADO

Esse pensamento óbvio
ou clichê
ou demasiadamente lírico
ou filosoficamente raso
ainda me assombra como a uma criança.
Agora é passado
em Botafogo
numa das listras da faixa de pedestres
está escrito
Não é acidente atropelar ciclista!
O trecho final da frase
o *ta!*
está fora da listra
foi riscado em branco no asfalto cinza.
Dentro da listra, a cor das letras de
Não é acidente atropelar ciclis
é marrom-vinho
como se alguém tivesse furado o próprio dedo
escrito com sangue um aviso.
Há muitos anos, vi num documentário
motoristas de ônibus no Rio perdem
no verão
os pelos da canela
o calor brutal
aliado à alta temperatura do motor
escalda os folículos.
Eu, no agora-passado, olho para o lado
estou num restaurante com uma parede de vidro
um aquário voltado para um sinal de trânsito
a temperatura interior é afável, 22 graus
lá fora, violentos 38 graus.
Desde criança congelo

às vezes diante de uma experiência que me parece única
mas na maioria dos casos sem motivo aparente
eu tento, ávido
abraçar a paisagem
sentir os cheiros, reter a luz
lembrar o que estou vestindo
alguma referência muito clara
um objeto
um som
uma imagem
a lembrança que vai me servir de senha
um acesso para o que sei
naquele instante
eu sei que já será passado.
Na extremidade da última listra das dez listras
                       [da faixa de pedestres
o logotipo dos 450 anos do Rio de Janeiro.
Um ano depois
o perfil de um rosto sorrindo
no qual o 4 é o nariz
o 5 forma queixo e boca
e o 0 é o olho
está desbotado.
A Rua São Clemente é uma via plana
mas não é plana
é um morrote involuntário com aclives e declives
                                 [assimétricos
nas extremidades
calçadas acuadas pelo asfalto
braços finos mal-ajambrados num tronco largo.
O sinal abre para os carros
espero o momento em que todos
por reflexo

vão olhar para o celular
sim, é inevitável
agora todos estão olhando.
Quando o sinal fecha
formam-se três confrarias
gente que se une para
não atravessar e continuar no celular
atravessar olhando o celular
e, extraordinariamente
guardar o celular e atravessar.
Há um balé milagroso na cena
os corpos
cardumes
prontos para colidir
não se tocam
evitam um desastre óbvio
e fazem pensar num dispositivo
algo como os transponders dos aviões
os neuromastos dos peixes
um instrumento antecipatório
que prevê choques irremediáveis
ou é apenas o ser humano de sempre
adaptando-se por tédio
por diversão
aprendendo a andar de novo
agora, apenas com a visão periférica.
Tenho um senso de responsabilidade
uma culpa pré-paga
um medo terrível de atravessar um sinal verde
conseguir correr e me livrar
mas trazer comigo todos os pedestres
esses que estão arrebatados olhando o celular
se eles me acompanharem

é tão comum sermos levados pelo passo alheio
se eles me acompanharem e forem atropelados...
Eu sempre espero o sinal fechar
eu sempre espero os carros frearem
eu tento não ser o primeiro a atravessar a rua.
Muitos idosos andam com acompanhantes
uma velhinha corcunda anda sozinha
o corpo muito magro parece um cabide frágil
pequeno
e sustenta a camisa da Ação do Bem Azul
simpatizo com a cor azul-cobalto da blusa
mas não faço ideia se divulga um sabão em pó
ou uma ONG
acho que a letra U tenta emular um sorriso
um emoticon terrivelmente malsucedido.
Um homem
também muito velho
passa com muletas customizadas
fitas adesivas e pequenos adereços
badulaques vermelhos e pretos
carrega uma sacola frágil
ampara-a com o zelo das pontas do polegar
                            [e do dedo médio
gesto que causa estranheza súbita
porque os dedos indicador, anelar e mínimo
                                  [estão eretos
propondo um sinal inesperado
uma menção ao hang loose ou à mão chifrada.
Deste lado da rua
esperando para atravessar
o barbeiro que
anos atrás
destruiu meu cabelo.

Como sempre, veste-se todo de preto.
Na cabeça, penteado que lembra as cípselas de
                            [um dente-de-leão
um cachorro da raça chow chow
ou o Mel Gibson em Máquina Mortífera.
Nas mãos
os inequívocos dedos de fumante.
Mesmo que não tivesse polegar e indicador
                            [amarelecidos
ainda restaria o fumante
as particularidades de sua constituição física
a qualidade e o arranjo de sua matéria
o tecido refundado
tudo direcionado para *um momento*
o momento de acender *o cigarro*.
Talvez a fumaça invada o corpo como um vírus
e o vício molde a carcaça ao seu feitio
as demais ações apenas evidenciariam
no papel de coadjuvantes resignadas
o protagonismo do tabaco
o barbeiro que corta cabelo como um fumante
espera o sinal abrir como um fumante
vai atravessar a rua como um fumante.
Não é um trejeito qualquer
fuma-se, e com nuances
não exatamente difíceis de detalhar sendo
                            [filho dos meus pais.
Mamãe age de modo mais abrupto
ela acende, e apaga, e pronto.
Papai é ritualístico
fica horas com o cigarro apagado na mão
gesticulando como se tivesse um sexto dedo
ou empunhasse uma batuta.

Depois, dá dezenas de batidinhas com o rolo
                [em alguma superfície
em geral, a mesa de seu computador.
Dependendo do espírito
acrescenta uma camada à liturgia
aninhando o cigarro entre os lábios por alguns
                [minutos antes de acendê-lo.
Quando, enfim
fuma
é com a mão esquerda para cima
na altura do rosto
aspira forte e lentamente
mas quase não traga
e sempre apaga o cigarro pela metade.
Uma operação que se repete o dia inteiro
ano após ano
a minha vida inteira
uma foto de papai é uma foto com cigarro.
No entanto, por mais distintivo que seja
fumar também é esse gesto à toa
sabe-se ou não se sabe
aprende-se ou não se aprende
fuma-se ou não se fuma.
É como jogar futebol
cortar com elegância um bife
nadar.
No cinema
até o melhor ator se entrega
eu sei quando *está fumando*
ou *está fazendo o papel de um fumante*
são pequenas
miúdas contrações nos lábios, nas pálpebras
mandíbula

nos malares
e, sobretudo, uma incorreção postural
antes mesmo de o papel queimar laranja
tudo se curva
o corpo rejeita a si mesmo.
O barbeiro atravessa o sinal
no bolso de trás da sua calça
avisto um maço do inconfundível Marlboro Vermelho.
Quando criança, eu colecionava esses maços
quando meus pais viajavam
alimentava o vício deles
pedia que trouxessem marcas novas
em especial as que tinham formato diferente
                      [do modelo retangular.
Havia um maço do qual me orgulhava
um de bordas arredondadas como uma
                      [caixa de bombons.
Não me lembro de nenhuma marca ou desenho
mas me lembro da geometria de cada maço
quadrados
retangulares e grandes
retangulares e pequenos
e aquele raro e redondo
havia os maços que abriam como uma caixa de sapatos
e os maços que abriam convencionalmente
isto é
pela parte superior
como os pacotes de biscoitos daquela infância.
Eu nunca gostei de fumar.
Desde que saí da casa dos meus pais
me desacostumei de ambientes fumacentos
sinto-me sempre sufocado
até mesmo nos meus pais

tenho acessos alérgicos
agora és visita, dizem os cigarros
e não mais morador desta casa.
Uma mulher jovem aguarda o sinal abrir
ela tem uma frase tatuada no pescoço
apesar da proximidade, não consigo ler
a letra é a mesma usada em convites de casamento
nunca compreendi a estética cursiva dessas letras
ainda mais numa tatuagem
há um maneirismo que não dialoga com
                        [*o ideal de beleza*
a virtude explícita e desejada não está ali
como está no kanji japonês
tão bonito e multienunciativo
mas tão esnobe quando gravado na pele
toda tatuagem é uma sina.
De casa, Elisa envia um SMS
vou ceder ao ar-condicionado, avisa
na rua, todos brilham a suor
suponho cerca de 20 pessoas em cada lado
                        [da faixa de pedestres
as calçadas estão engarrafadas
o sinal abre e fecha e os automóveis não andam
é o auge do dia e o limite de tudo.
Quando caminham em ruas assim
os indivíduos perdem a forma
ou melhor
perdem a vibração que os delimita humanos
migram para outra apreensão
mais próxima da energia
ou do tempo
ou de alguma grandeza invisível
mais ou menos como a matéria que nos envolve

[segundos antes de dormir
ou segundos depois de acordar.
Ônibus e carros escoam a água condensada
[do ar-condicionado
são crianças andando sem fralda.
Um rapaz passa com os fones de ouvido sem fio
[que sempre desejei
muitos homens avançam com sacos de gesso
carrinhos de mão com tijolos e materiais de construção
caminhões enormes trafegam e giram cimento
betoneiras que não podem parar de se movimentar
do contrário, a pasta mole endurece
mas o que mais falta construir, meu deus?
Um homem, motorista da moto
uma mulher, carona
cospem simultaneamente no asfalto
tenho a impressão de que os cuspes se unem
borbulham e evaporam no betume
e se eu observar com atenção vou ver fumaça
como manteiga em frigideira quente.
A suspeita é que todos olham diretamente para mim
assim como eu os olho diretamente.
Um homem da idade do meu pai
magro e atlético
passa fumando e feliz.
Que tranquilidade
alguém da idade dos meus pais saudável entre as cinzas
como num comercial da década de 40
mais médicos fumam Camel que qualquer outro cigarro
vida longa aos idosos que fumam!
Em uma ocasião elogiei um jovem médico fumante
ele saía do hospital de jaleco branco, bem-composto
acendia um cigarrinho invulgar àquele cenário

me vi sem alternativa e tive que parabenizá-lo
ele agradeceu sem graça
provavelmente entendeu como ironia, uma pena
nunca quero ser irônico
se pudesse escolher
sei que perderia as contradições
mas viveria sem a ironia
ou, vá lá, o cinismo
ou tudo aquilo que fez
e faz
os doutores não me entenderem.
Lá fora, pessoas arrastam suas sombras pelos pés
estabelecendo zonas escuras e alongadas
perpendiculares à faixa de pedestres
na Rua São Clemente, no final de outubro
isso quer dizer cinco da tarde.
Curiosamente
só agora vejo um homem sem camisa
apesar da praia, Botafogo não é um bairro de praia
se fosse, haveria pedestres apenas de sunga ou biquíni.
No alto verão de 2013, andei Copacabana inteira
meia-noite
para mergulhar nas águas calmas do Posto 6
fui nu
ou de sunga
fazia o melhor dos calores
estava nos trópicos e descalço sobre pedras portuguesas
ninguém me dirigiu olhares
e, apenas na volta
ouvi não uma reprimenda
mas quem sabe um elogio
uma mulher me disse Quanta liberdade!
De fato, não me sinto livre assim em Botafogo.

Do outro lado do vidro
o WhatsApp se estabeleceu como meio universal
[de conversação
como se usassem walkie-talkies
as pessoas gritam em guerra
é uma dimensão alternativa
lembra o caso da mulher que não recordava
[as últimas duas décadas
no primeiro passeio no parque
viu fotos sendo tiradas com iPads
estranhou o tamanho das máquinas fotográficas
[do futuro.
Os acidentes entre automóveis
os atropelamentos
os acidentes entre carros e bicicletas
os acidentes são tão iminentes
me pergunto como não há um a todo instante
em todas as esquinas
em todas as ruas de toda a Terra
ou, pensamento irmão
por que no Ano-Novo
com bebida e superlotação generalizadas
por que não há milhares
ou milhões ao redor do mundo
milhões de quedas de varanda
de tal modo que se produzam estatísticas
como as de acidentes de carro em feriados.
Um adolescente gordinho passa na minha frente
cabelo castanho raspado na lateral
descolorido em cima
lembra os táxis portenhos.
Um rapaz anda com camisa camuflada verde
bermuda camuflada cinza

coturnos, vai para a guerra
a roupa grita machidão
mas as supostas folhas da camuflagem
mal desenhadas
se ele soubesse...
aludem a borboletas.
Um homem sério e
sério
põe-se em marcha
arqueja sem cessar os passos
uma rosa vermelha dança em sua mão
desastradamente mas com cuidado
ele equilibra a flor no ar.
Muitas pessoas mancam
andam um pouco de lado, inclinadas para a frente
ou com os quadris muito para trás
vítimas de escolioses, lordoses, cifoses
a maioria das pessoas anda compensando mazelas.
A menina de casaco canta em dueto consigo mesma
uma batalha de rap em monólogo
respondendo provocações que ela própria formulou.
Um irmão mais velho carrega o mais novo pela orelha.
Riem.
A contagem regressiva do sinal:
vinte e cinco segundos para os pedestres
dois minutos e trinta segundos para os carros.
Não, as pessoas não estão olhando para mim
o vidro é um espelho falso
e elas olham para os seus reflexos
por isso olham com curiosidade direta
de modo íntimo para um corpo familiar
e não para mim neste caixote opaco a 22 graus.
Muita gente segura objetos com a boca

são carteiras, cartões, um sanduíche inteiro
é importante manter as mãos livres para vasculhar
              [bolsas, bolsos, mochilas
somos animais quando matamos e mastigamos
mas também quando mordemos e sustentamos.
Apesar da entorpecente sombra do fim de tarde
as veias das faces ainda pulsam pelo calor
não relaxam
o rosto é um leito de rio bravo e seus afluentes.
Um rapaz com pinta de angolano cruza a rua
os angolanos eram numerosos em Botafogo
              [no começo da década de dez
de lá para cá, sumiram do bairro.
Uma adolescente com cabelo dégradé
verde, amarelo e vermelho
da raiz à ponta
lembra aquela mola
brinquedo da infância
o objetivo era fazê-la descer os degraus do mundo.
Um homem teso de forte talha rápido a rua
na camisa vermelha, a frase shut up and train.
Ônibus fretados cortam a cidade
levam os moradores aos condomínios da Barra.
A maioria das placas dos carros começa com
              [as letras K ou L
indicando que, sim, eles foram emplacados no RJ.
Um homem velho, mas nem tanto
arrasta-se jabuti pela faixa de pedestres
o sinal abre, e ele ainda está no meio da travessia.
Um senhor careca olha
não olha
para mim
ele é a cara do tio Luís.

Os ônibus correm, e os olhos dentro dos ônibus
olhos de baixa-mar, entardecidos
rebatem o aquário espelhado.
Antes de atravessarem a rua
algumas pessoas buscam contato visual
sorriem para um desconhecido.
Eventualmente, recebem um sorriso de volta.

O GUINDASTE SOBRE A CIDADE É UM ESQUADRO GIGANTE
uma vara de pesca, uma máquina alienígena
uma girafa, um animal em extinção
o maior brinquedo do mundo.
Solto no céu ilude
movimenta nuvens paradas
sobre a cidade
esse apanhado de metal
tão infantil e circunspecto
uma criança com roupas de adulto
mexe as peças
preenche lacunas.
A cidade é sempre nova
a cidade morreu
sob as cinzas do vulcão
foi desenterrada por arqueólogos
em busca de um futuro já vivido
a cidade vai crescer, vai ceder
vai crescer
pó.
Terra apurada, terra arrasada
a cidade é forte
pai e mãe
a cidade é indefesa
um filho ou um avô
ela precisa de uma girafa
gigante
de um pescador
alienígena
de um dinossauro
arquiteto
ou de um professor de matemática
no quadro-negro

com seu esquadro desmedido
gabando-se
silenciosamente
de sua habilidade com o giz.
O brinquedo de toda criança hiperativa
acanhada, rebelde, bem-educada
o objeto de trabalho de todo professor
vaidoso
dedicado
nulo, agudo, reto, obtuso, raso
o guindaste
martelo; paisagem
o monstro que destrói e equilibra
o corpo que faltava
para essa igreja, para essa nuvem
esse avião, essa cidade
os cadarços vão desamarrar
tudo vai cair
sem o guindaste.

Mas caiu.
Tudo
também
caiu
com o guindaste.

A ILHA NÃO É UM SONHO
É minha pele
é a rocha.
É minha pele, é o farol.
Só existe água
a água é o pó de onde viemos
para onde vamos.
Da ilha, o barco é ilha
e eu, náufrago.
Da ilha, o barco é ilha.
Eu, náufrago.
Vou ancorar, aportar, descer
fincar.
Construir casa
filhos, irmãos.
Mas serei sempre náufrago?
O barco nunca vai esbarrar na ilha
chegar não é acaso.
Diz que toda ilha é um prestidigitador.
Toda ilha é mágica.
Diz que navegar é levantar vela em direção ao truque.
Diz que na ilha os surdos são poliglotas
falam línguas enquanto olham seus reflexos na água.
Diz que os cegos da ilha só enxergam azul
e por isso, diz
eles sempre sabem que estão entre o céu e o mar.
Eu sei: há várias formas de fazer uma ilha.
Eu sei o que é um continente, eu sei o que é um vulcão.
Eu sei o que foi o Big Bang.
Acho que ilhas nascem e morrem como as estrelas.
Sei que existem icebergs do tamanho de ilhas.
Flutuam perdidos.
Acho que existem ilhas que flutuam como icebergs.

Eu sei que o universo está se expandindo.
Ele pode se romper, eu sei
e tudo novamente voltará ao pó.
Água.
Energia escura.
Matéria escura.
Ilhas invisíveis no espaço.
Mas eu navego. Eu sei o que é uma ilha.
Eu não me confundo, eu acho.
Eu sei, outra terra precisou cair na Terra
e a Terra existe, eu sei.
Outra terra precisou cair na Terra
e a Lua existe.
Barco contra a ilha:
terras, luas, crianças.
Pai, mãe, irmãos?
Diz que na ilha existem árvores
aves.
Existem os cegos
e os surdos falam línguas que não podem ouvir.
As aves ouvem os surdos e enxergam os cegos.
As árvores naturalmente não enxergam nem falam
mas morrem de pé.
A gente contribui com o silêncio, vê?
Todos os ciclos
acelerados ou lentos.
Quando eu falei da ilha
você entende?
Eu falei do silêncio
dos gestos para não sofrer.
Se você bebe água e olha a Lua
se você sobe a ladeira
salta três vezes

pede a um santo atenção
nada vai acontecer
em todo sol
a tempestade é muito breve.
As ilhas também têm pele
voltam quando abrem a porta
se arrepiam no inverno
choram no verão.
Os cegos são de luz
iluminam os surdos poliglotas.
À noite, histórias em todas as línguas:
a ave que sopra o vento
a Terra que gira o Sol
a ilha que sustenta o mar.
Sonhos estranhos de dias estranhos.
Eu conheço três tipos de árvores
mas falaria o dia inteiro da amendoeira.
Eu sei como é a folha, eu já chutei
comi amêndoas.
Ouvi cigarras por anos.
Cento e vinte decibéis são o limiar da dor.
Por muito menos já gritei pela janela.
Nunca gritei contra cigarras.
Abaixa o som.
Nunca gritei sozinho
acho difícil rir sozinho.
Eu preciso avisar que a ilha é das cigarras
os surdos sentem
e os cegos ficam felizes quando elas cantam.
Acho que você vai se adaptar.
Eu queria avisar que a ilha não é um sonho.
As ilhas, todas
têm pele

choram como icebergs
congelam como icebergs, se perdem
são icebergs.
Sem o constrangimento das metáforas:
as coisas, você e eu
você, as coisas e eu
tudo o que está entre
há sempre duas pontes
há sempre dois istmos
duas mãos, duas ilhas
duas pessoas
uma pessoa
outra pessoa, uma ilha
se eu dissesse
água
é tudo e é nada
ao mesmo tempo
somos isso e não somos
seriedade e intenção
ironia sem graça
somos metáforas constrangidas
somos estrelas com pele
eu amo astronomia
rochas com dor, eu amo geologia
se eu dissesse seria óbvio
somos fumaça
amo café, você sabe
eu seria barista
grãos
ou cientista de partículas
uma ilha, um estádio de futebol
eu seria um pombo
um pássaro azul, você

você vê
do céu somos náufragos
terra, ilha e todos – desculpe
eu preciso dizer isso de novo
de modo muito óbvio, vou tentar
aquela expressão muito exata
estamos todos
terra, ilha e todos
estamos todos no mesmo barco.

BERNARDO ENTROU AQUI EM CASA
com a barba maior que a de costume
com o cabelo cheio, sem as costeletas tão aparadas
com roupas menos coloridas que as habituais
e óculos novos
armação quadrada, porém menos minimalista
modelo preto com nuances amarelas.
Fantástico como molduras no rosto
barba, cabelo, óculos
e o mesmo corpo vestido com outro tipo de roupa...
um corpo vestido diz mais que um corpo nu
intuição vaga acolhida por uma camada inferior ao
                     [pensamento dominante
o pensamento-guia que dizia *fantástico*
Bernardo está tão diferente
e tanto aconteceu em sua vida
mas parte do mistério
daquilo que ele vai me contar durante a noite
isso já foi dito
no momento em que abri a porta
Bernardo, barba, cabelo, óculos
roupa monocromática
quantas reviravoltas.
Bernardo acabara de se mudar
desencaixotava objetos
arrumava novamente os objetos que já estavam
        [arrumados em seu apartamento anterior.
De forma organizada, reorganizava tudo de novo.
Mais uma vez, novamente e de novo
tudo estava bagunçado
de novo.
Assim Bernardo, novo em folha
quando ainda tirava os sapatos para entrar na sala

falou
entropia, tudo tende à entropia.
Há uns anos
quando trabalhava na Ciência Hoje
enviei um e-mail a Elisa

"Já ouviu falar disto? É baseado na Segunda Lei da Termodinâmica. Muito resumidamente é a tendência à desorganização de tudo na natureza. Nós temos que fazer força para que as coisas fiquem organizadas, isto é, para que as coisas funcionem (nossas células, nosso corpo, nossa geladeira). Com essa energia gasta para organizar as coisas, a gente libera calor. A liberação do calor faz com que as partículas do ambiente se desorganizem. A extensão dessa desorganização é chamada de entropia. Quanto mais energia, mais entropia. É uma luta inglória, impossível de ganhar. Tudo tende à desorganização. É irreversível. Um movimento de mão única. Isso explica tudo no mundo! Por que morremos? Porque uma hora a entropia vence a nossa força para combater a desorganização. A entropia é natural; nossa força é antinatural. Por que uma hora o universo vai acabar? Porque ele queima energia desde o Big Bang. Uma hora a energia disponível, o que chamam de energia livre, vai se extinguir, e restará apenas entropia no ambiente – daí, puft, fim, todos os processos físicos, químicos e biológicos vão parar de acontecer, não haverá mais gasto de energia, calor, a entropia vencerá a vida. A desorganização final será escura e desprovida de movimento. Estaremos, cosmos e nós, dissolved into molecules. Na escuridão. Será a morte térmica do universo."

Quando encontrei Elisa
falei ainda dos exemplos clássicos
do copo quebrado que não se reconstrói sozinho
da pasta de dente que não volta para o tubo
poderia ainda falar do ovo desquebrando
mas àquela altura Elisa já tinha entendido
minha empolgação era com o caos
pois tudo, minha preguiça, minha presunção
meu niilismo, minha covardia
as paixões estranhas por assuntos estranhos
aquele começo cafona e lindo do livro cafona e lindo
eu poderia defender qualquer argumento
era só falar do caos, da entropia
do Big Bang e da morte térmica
a morte térmica do universo.
Bernardo compartilhava da empolgação
esse tipo de assunto nos movia
e éramos capazes de ficar dias
às vezes meses
conversando sobre astronomia
Teoria das Cordas ou
minha obsessão naquele dia
a dinâmica de arremesso do
Stephen Curry.
Trocamos artigos
NYT, Guardian, cientistas
páginas tentando desvendar
Stephen Curry
e como um jogador de basquete
baixo para os padrões da NBA
conseguia fazer tantas cestas de três pontos
arremessar numa parábola destoante
uma angulação maior, atípica

por cima dos marcadores de 2,10 metros
a bola sobe muito, é insólito
mas o arremesso de Stephen Curry
em quase metade das vezes
percentual sobrenatural
atinge o alvo.
Curry vence também de outro modo
ele arremessa a bola antes
em geral, lança-se a bola no fim do salto
Curry solta a bola no meio do salto
um décimo de segundo mais rápido que todos
o
décimo
de
segundo
desconcertante.
Enquanto Bernardo tirava os sapatos
reclamava da tendência das coisas à desorganização
arrumar tudo mais uma vez, limpar a casa suja
pintar o apartamento antigo, consertar
martelar, furar, instalar, reinstalar et cetera
eu pensava na matéria escura, na energia escura
nas *substâncias desconhecidas* que organizam galáxias
aceleram o universo
tentava lembrar qual é a relação delas com a entropia
era óbvia, mas eu tinha esquecido
pensei em perguntar ao Bernardo
mas fui seduzido pela ideia de falar sobre Curry
não sem antes pensar quão improvável seria
       [recriar a parábola do arremesso
só que ao contrário, com a bola saindo da cesta
subindo e descendo
num retorno místico

em direção à mão de Stephen Curry
pensei no calor que seria despendido
quanta energia para ter êxito nesse movimento reverso.
Como aquele cara
que me lembrava amigos magricelas de infância
como ele conseguia fazer tudo sem esforço
um arremesso desleixado, ordinário, esnobe
num gesto casual como um passo
depois outro passo
a mão no bolso, a mão no rosto
os olhos piscam, o olhar se perde
retoma a atenção, atravessa a rua
café da manhã, almoço, jantar
acordar, banheiro, dormir
e cesta.
Lembrei-me da termodinâmica
menos gasto de energia
menos entropia no ambiente
Curry, à sua maneira
contribui para que o universo dure mais
pensei em respirar bem devagar
comer bem devagar
li um artigo que dizia
não importa quanto a ciência tenha avançado
ou venha a avançar
dificilmente viveremos mais que 115 anos.
Suspeitam de uma programação genética
ou da evolução
do fato de a evolução proteger nossos genes
                            [no início da vida
no crescimento
e na reprodução
mas não quando idosos

quer dizer
durante a vida
nosso DNA vai lentamente sofrendo danos
pequenas mutações
no fim
começamos a pifar, o corpo perde
esgota-se em infartos, cânceres e Alzheimers.
Outro dia um ex-professor da faculdade me perguntou
em tom retórico
quem, cara-pálida, quem quer ser imortal?
Fiquei com vergonha de responder
eu.
Outro dia, disse ao meu pai e ao meu irmão
me sinto frustrado por não saber o que vai acontecer
tenho pena de não saber o que acontecerá
como estará a Terra daqui a milhões de anos.
Meu irmão assentiu, e meu pai respondeu

Já eu me contentaria em saber como vai estar a
tecnologia daqui a 50 anos. Esse futuro ultrapróximo
me fascina muito mais.

Eu pensei que daqui a 50 anos papai terá morrido
e isso é muito triste de pensar
pensei também que eu estarei
quem sabe
aqui.
Eu com 83 anos.
Um sentimento de continuidade
fui bem cuidado, tive boa educação
meu pai, a pessoa mais vivaz e curiosa
meu pai quer saber como estará a tecnologia daqui
                            [a 50 anos.

E eu, um estúpido querendo saber do mundo
sei lá
milhões de anos à frente
sem água potável, com os continentes cobertos pelo mar
temperaturas elevadas, só consigo vislumbrar cenários
                                        [pós-apocalípticos
máquinas sencientes e vingativas
mais singulares que humanos
estes, robóticos e abobados
dominados por expectativas alheias
esmagados pela exposição
durante milhões de anos
à vida dos outros
sem saber o que é sentido, o que é desejo
o que é vontade própria, o que é do outro
eu só consigo pensar em transumanismo
mistura de livros de filosofia excêntricos
e ficção científica barata
e papai, meu amado pai, quer viver mais 50 anos
anos que talvez eu tenha de sobra
daria a ele metade desses anos
mas ele não aceitaria.
Eu pensei no legado, no código genético que carrego
por um momento pensei a sério
posso me manter bem, saudável até lá
até os 83, é uma forma de papai presenciar
saber como estará a tecnologia
os avanços que tanto o fascinam
aos 83 anos direi ao meu pai como anda o mundo
ainda haverá luz no universo.

UM LÍQUIDO PRETO ESFUMAÇA
poderia ser muito marrom também
ele delimita o entorno
e é delimitado pelo espaço
como todo líquido
molda e é moldado.
O café gira na xícara
conforma-se ao movimento da mão
e a mão, como uma lua, dita o vigor
a perturbação.
Um fio do líquido preto sobra
e esfria
um dia inteiro e o café muito marrom
um homem
um homem
um homem
engole o resto sem espasmos
com a leveza da melhor bailarina
movimenta-se sem vacilar
vasculha lixeiras
ruínas, águas mortas.
Por medo de um novo terremoto
dorme-se na rua.
Por medo do terremoto
constroem-se plataformas antiterremoto
      [embaixo de prédios e estátuas
por medo, formam-se cientistas
otimistas
todo dia é um novo dia para um cientista
mas, por medo
guardam-se copos
talheres, pratos
louças frias

azuis e transparentes
marrons e transparentes
brancas idênticas
e louças portuguesas
pintadas à mão.
Por medo do terremoto
recolhe-se a xícara
joga-se fora
o café bem preto
quase pó, farelo marrom
escorre pelo ralo oxidado
ciano, verde, verde-água
o metal está corroído pelo zinabre.
No ralo, cospe-se a pasta de dente
azul, branca e verde mentolada
no ralo, confundem-se zinabre
pasta de dente e café marrom
preto como o homem
o mundo não nos é dado, ele diz
nós o conseguimos.
Ele tem gengivas sensíveis
apesar de não comer
alimentos ácidos
ou frios
ou quentes
de não escovar os dentes
com força
ou exageradamente.
Ele não tem costume de cafeína
mas não dorme; não por medo
nesta cidade se dorme na rua
não pelo terremoto
estátuas e prédios caem

não porque a terra treme:
aqui é um acidente
gengiva, dente, café
mais iminente
zinabre e sangue
um acidente
tão real, metálico
quanto o cobre enferrujado
quanto um ônibus em marcha à ré.

AQUI
onde se atiram panfletos
ninguém compartilha suas contradições
aqui
confundem-se buracos
com abrigos
com trincheiras
aqui
onde os desejos não se chocam
zunem bombas de virtude
explodem convicções
antes fossem pequenas guerras
de suor e dúvida
de sono e compreensão
aqui
faz-se a certeza
esse relâmpago que não se dissipa
aqui
mata-se em paz.

A LUZ DA MANHÃ
ou o fim da madrugada
a claridade que ainda não é do Sol
porque ainda não há Sol no horizonte
essa luz desvela aquilo que nem sabíamos véu
a atmosfera
o prédio branco e marrom.
Apesar de ser naturalmente do Sol
a luz
ou seria lucidez
a luz menor e compacta
revela o próprio Sol
a sua impossibilidade
sob essa luz
vemos a Terra como Terra
a sala finalmente sem gente
o verde da folha verde
o céu agora é cinza
é azul e cinza
é um chumbo sem nuvens.
Uma sombra sem intenção desliza leve
é um contorno que também não é sombra
só contraste
o que antecede faz das coisas o que são
e no momento exato antes de nascer
somos outro
ou somos nós, ainda no útero
um misterioso prédio
cada árvore, uma única árvore de uma floresta
até a vibração da rua
os carros que passam sem refletir
eles ventam com o vento.
É doce e tudo é tão verdadeiro

telúrico mas místico
um medo e uma propensão
é hora de dormir
as gaivotas congelam no ar
a luz vem do mesmo lugar do sono.

HISTÓRIAS TRISTES PRECISAM SER CONTADAS
e as felizes também.
como se dissessem Você precisa deixar rastros.
Como se falassem Pense nos fatos.
Como se dissessem Lembre
lembre-se dos fatos que o forjaram
dos gestos inaugurais.
E mais
lembre-se de quando percebeu que os momentos
muitos deles irrelevantes a qualquer um
esses momentos na verdade eram seus, era você.
Você pode se ocupar da infância e ir direto à Coca-Cola
ou pode se lembrar da adolescência
do dia em que descobriu
fascinado por *descobrir sozinho*
que um farmacêutico criou a Coca-Cola
e o sócio, um contador
fez aquele logotipo insinuante com a própria caligrafia.
Você pode pensar nos publicitários
um exame sobre a sua vida adulta
se enxergar nas propagandas aviltantes.
Ou pode acreditar na beleza do desenho
os C C maiúsculos e irmãos
a onda ~ que flui para dentro do l
o traço – o hífen mais certeiro do mundo.
Ou você pode lembrar que a Fanta
um produto The Coca-Cola Company
foi criada pelos nazistas
das erfrischende Getränk
e pode considerar a quantidade de benzeno na
                              [Fanta Laranja
e aí pensar em câncer
em guerra.

Mas pode também se deter na cor laranja do
                            [refrigerante
na fixação infantil à Fanta Uva
ou descobrir que em Hong Kong existe a Fanta Láctea
sabor leite.
Ou pode simplesmente abrir uma Coca-Cola
ou ir a uma máquina de refrigerante e
ao seu gosto
dosar o gás e o xarope.
Pode cantar Alegria, Alegria
pensar em filmes e nos peitos da Brigitte Bardot
se sentir atraído pelo Caetano jovem
pelo Caetano velho.
Ou pode olhar o Sol
e quem sabe não lhe venha o Van Gogh
a ideia de que
se houver deuses
o Sol seria um bom deus
Van Gogh acreditava nisso
não, Van Gogh acreditava em um Deus único
mas, sim
Van Gogh pintava sóis como se fossem deuses.
De dentro das pinceladas espirituais de Van Gogh
você pode chegar àquela frase de seu amigo
como não levantamos para ver o Sol nascer todos os dias
ou ponderar que é exatamente por isso que não
                            [levantamos
nascer todos os dias é igual a não nascer nunca.
Mas você pode
como sempre
tropeçar no Pessoa
abrir o livro em uma página qualquer e ler

Nunca poderia odiar uma terra em que eu houvesse visto um poente escandaloso.

E lembrar que de fato você já viu um sol único
alguns sóis únicos
no fim de tarde mais do que de manhã
porque você acorda tarde.
Ou pode se transportar para a tarde fria de outubro
em que a luz de Lisboa, logo a luz de Lisboa
estava branca e dura como a de um hospital.
De lá, com medo e afeto, você pode querer voltar
dormir em Copacabana
e você ama Copacabana e houve tantos dias felizes
                                      [em Copacabana.
Você pode lembrar todos os regressos a Copacabana
a saída do metrô da Siqueira Campos sempre o
                                      [emociona
o cheiro de maresia, ali é a sua casa e sempre vai ser
ali o barulho não incomoda.
Ainda assim, você pode ir andando até o Forte
sentar no teto da casamata
sentir por horas o silêncio
a vibração da cidade desligada
olhar o mar do Rio de outra perspectiva
e constatar
um disparate, não importa
que só você entende aquele lugar.
Talvez você pense Nem é preciso estar atento
e você pode descobrir
desatento
rochas semissubmersas
lajes distantes da costa
nas quais ondas se formam e quebram subitamente

como se naquele vórtice houvesse uma pequena praia
ou um pequeno oceano
um segredo de surfistas.
Você pode imaginar as ondas desfazendo as
                            [moléculas de água
ou pode anotar num papel verbos que o sensibilizam
condensar, afastar
colapsar, romper.
Pode pensar na película de água
no momento do mergulho
quando o corpo vence essa fina resistência
vislumbrar uma boa foto
ou continuar
homem-fundo
imergindo.
Você pode se lembrar de 2011
quando leu sobre a Fossa das Marinas
o ponto mais extremo do oceano
você se lembra?
O texto dizia Onze mil metros de profundidade
o texto dizia Antes de alguém pisar na Lua
dois homens conseguiram tocar a Fossa das Marinas
dizia Até hoje só outra pessoa visitou esse lugar
e doze homens já foram à Lua.
Quantos já escalaram o Everest?
Você pode pensar em pesquisar
ou pode tentar recordar a altura de cabeça
você sabe que não chega aos nove mil metros.
Você pode contrapor os onze mil metros do oceano
                            [aos nove mil metros de terra
e você vai achar que a Terra está se afogando
você vai comparar o continente a uma pessoa com
                            [água até o pescoço.

Ou você pode se desligar de imagens que dizem pouco
e pensar no japonês que aprendeu a mergulhar aos 60
você não recorda e talvez precise de mais detalhes.
Você pode tentar desvelar a memória
pode não conseguir
ou pode lembrar que o japonês buscava o
[corpo da mulher
pode lembrar que ela morreu no tsunami de 2011
lembrar que ele a procura até hoje.
É possível que isso o comova novamente
e que você se faça a mesma pergunta
se fosse a terra ao invés do mar
esse homem continuaria procurando?
Você pode ficar na terra
andar por florestas e montanhas.
Até onde chega um tsunami?
Ou pode olhar para o céu e sair da galáxia
ou recuar e sair apenas do Sistema Solar
esbarrar nos corpos que orbitam a Próxima Centauri.
Pode dançar no espaço como moléculas de água
quem sabe ser tragado pela gravidade do planeta
[habitável.
Ou pode se manter no fundo do oceano
olhar no olho de um cachalote
lembrar que encontram de tudo dentro do estômago
[de um cachalote
até pedaços de motor de carro.
Ou você pode lembrar que o cachalote é o animal com o
[cérebro mais pesado
e o cachalote também é o maior animal com dentes
você já leu sobre isso quando ficou obcecado por
[cetáceos.
Então você já deve saber

no estômago dos cachalotes
foram encontrados animais desconhecidos
espécies fronteiriças, semialienígenas
que vivem
ou se escondem
em águas abissais.
Talvez você imagine
nas entranhas do cachalote
corpos preservados
ou em pedaços
uma lula-colossal
ou a perna do capitão Ahab.
Você pode pensar no cachalote como um
                            [oceanário morto
um repositório de carne e carcaça.
Ou pode querer escrever CACHALOTE em caixa-alta
você tem essa vontade.
Não seria difícil se lembrar daquele museu.
Era um museu?
Era uma exposição no Jardim Zoológico da
                              [Berlim Oriental
você leu sobre ela
você escreveu um e-mail com um trecho da reportagem

"Num mostruário de vidro foram colocados todos os objetos encontrados dentro do estômago de uma morsa (um grampo de cabelo, palitos de sorvete, um isqueiro cor-de-rosa, óculos de sol, um carrinho de plástico verde, um pente de metal, uma chupeta, uma lata de cerveja, uma bússola)."

Aquilo o impressionou, certo?
E algo começou a soprar
uma intuição que você sabia autoindução

mas também uma vontade desencorajada
pois você sabia, sempre soube
que não pode ser tudo.
No entanto, o sopro
como o sopro de um animal menor que você
chegava leve e você só conseguia chamar de
                              [irresponsabilidade
uma irresponsabilidade decisiva
luminosa, irrecusável
você quer poder tudo
se condenar a querer
ou não se esforçar
dizer Hoje eu não vou me esforçar.
Você já pensou em ser guarda de museu
já pensou em observar o dia inteiro
ao mesmo tempo
obras e pessoas.
Você já pensou Ser guarda de museu
o que você poderia testemunhar
o que poderia admirar
odiar calado, porque
afinal
você é um guarda de museu e opinar
felizmente
não é sua obrigação.
Como reagiria
ou como não reagiria você, guarda de museu
àquela instalação-performance
camas espalhadas numa sala
luz baixa
música incidental, barulho de cachoeira
cobertores com maracujás gigantes estampados
todos têm que dormir, diz o panfleto

inclusive o autor da obra
por isso não se incomode
vou grudar eletrodos na sua cabeça
eles vão monitorar o seu sono.
Você olha para o guarda de museu
para o telão que transmite as ondas de
                            [atividade cerebral
ao lado da sua onda, uma luz vermelha
os dois
você e o guarda
são os únicos acordados.
Você o inveja, é necessário admitir
você inveja a calma
ou o desprendimento de quem não *tem que*.
Você não suporta esse sentimento
você pode querer fugir dali.
Ou pode se abrigar no quadro Mi Joven Amiga
pode morar nos fios de cabelo desta mulher
ou nos fios, nos mil fios do suéter de lã
ou no chapéu
nos milhares de pelos de algum animal morto
                            [que ela carrega na cabeça.
Você pode morar no olhar desta mulher
no tempo desta mulher
na juventude dela
ou pode se afastar
notar a moldura de ouro
a parede branca
os bancos desconfortáveis do museu
pode ver o guarda bocejando
pressentir não só a monotonia
que seria suportável e muitas vezes desejável
mas também o tédio interrompido

visitantes que perturbam o equilíbrio entre
[o ócio e o nada
eles querem saber onde fica
pois não conseguem descobrir sozinhos onde
afinal
fica o banheiro.
Você pode continuar se afastando
desaparecer do museu em linha reta
ou dar meia-volta
observar aquela estrutura sem sentido
que você ama
porque tirou a arte da sala dos ricos
que você nega
porque cobra pelo ritual
pelo valor simbólico das obras.
O valor simbólico das obras.
Você pode se lembrar do Van Gogh e da miséria
e pode se apegar a isso e seguir em frente
resiliente
ou pode pensar no Picasso e na vaidade
no egoísmo, na ingratidão, nos maus-tratos
pode querer o que ele teve
ou pode dizer a si mesmo
aceito tudo
aceito a falta de aptidão e o ostracismo
aceito vagar pelo mundo como uma alma
uma alma, infelizmente, de artista sem talento
mas com uma missão
não ser como o Picasso.
Ou pode olhar uma luz branca e vislumbrar
talvez eu veja algo aqui, talvez um pássaro branco
mas pode ser o mar, uma onda.
Você pode ter vontade de compor uma música

ou pode nem abrigar o pensamento
desacreditar e se distrair com a manchete
[que acabou de ler
traumatismo ocular na era dos black blocs.
Você pode clicar no link, ler novamente a manchete e
[fechar a aba
ou pode ler a matéria inteira e admitir que é sério
há um simpósio de oftalmologistas sobre isso.
Você pode achar que todo mundo ficou maluco
ou pode entrar no Facebook e postar a notícia
comentar com palavras de cachalote
TODO MUNDO FICOU MALUCO.
Pode sentir um alívio imediato
ou pode se arrepender imediatamente
e mergulhar na culpa *de ser humano* e
ainda assim
ou quem sabe *por isso*
ter que se sujeitar a comandos rudimentares
como aquele que associa felicidade a recompensa
como aquele que contrapõe ordem/caos.
Você pode se lembrar da necessidade triste
constrangedora
de organizar as ruas
a nossa continuidade
por meio de sinais de trânsito.
Essa frustração pode habitá-lo como uma pedra.
Ou pode atravessá-lo como um rio.
Uma resignação milenar
ou um fluxo de medo e coragem
você pode sentir tudo ao mesmo tempo
ou pode conseguir escolher o que o atinge.
Pode se recolher ao aprendizado solitário
ou pode

em meio ao maravilhoso deserto da solidão
lembrar-se de Yip Man, o mestre de Bruce Lee
e assim repetir e repetir em voz alta
Até o Bruce Lee teve um mestre.

Essa repetição o acalma.
Você segue com ela
aprende como um discípulo
você erra
por mais que tente
você erra.
Você se defende do impossível
você ataca o vento
nenhum erro
até que erra.
E você erra muito
erra o tempo inteiro
e continua errando
até que não haja distinção entre os erros
são sempre erros
são sempre iguais.
E você pode se perguntar
é possível cometer novos erros
ou todos os erros já foram cometidos?
E você pode desistir de errar
e desistir de tudo
ou pode querer errar de outra forma
e iniciar um novo ciclo
sabendo que tudo voltará ao início
ou recusar tudo
inclusive a ideia de início.
Restaria uma pergunta
o que fazer se tudo ficar bem?

Isso pode lhe dar sono
ou insônia
e você olha o seu gato dormindo
e cogita a hipótese de os animais não terem insônia.
É uma doença do homem, você pode pensar
mas não é, você já leu
cachorros podem sentir insônia
animais matam a própria espécie
animais cometem suicídio
mas apenas o homem elabora a própria ausência, diz o artigo.
Você pode refletir sobre o lugar da consciência
ela está em você
está em você e nos animais
ou está entre vocês
no lugar do gesto e do contragesto
no espaço entre os corpos
como em uma dança.
A última hipótese sempre o confortou
mas em algum momento você pode se incomodar
afinal, você sempre soube
você humaniza os animais
você humaniza as plantas
você humaniza os objetos.
Você pode se opor à autoconsciência
ou pode achar a questão inócua
a autoconsciência existe, assim como a projeção.
Os animais são humanos porque tenho medo
As plantas são humanas porque tenho medo
Os objetos são humanos porque tenho medo.
Pode pensar no mosquito
quando você não sabe se o apanhou
quando sua mão ainda está fechada no ar
ele já sabe que foi capturado?

Você pode cerrar a mão com toda a força
tentar esmagá-lo
pode relaxar os dedos
tentar matá-lo com a outra mão.
Ou ele pode voar quando você abrir a mão
sem saber que *aquilo* era sua mão
sem saber de nada
mas, sobretudo
sem saber que morreria
que só não morreu porque você é lento.
Ou você pode pensar que os animais são velozes.
Pode se lembrar do dia em que observou
com uma lupa
os detalhes de uma aranha capturando um inseto.
Você viu os olhos do inseto
os relevos do corpo do inseto
as patas da aranha
as dobras de cada pata da aranha
as aranhas tecem rápido, você notou
mas demoram para comer.
Você pode se recordar da luta entre paquidermes
rinoceronte versus hipopótamo
e não só dessa luta, mas das disputas entre
                            [todos os animais.
Você pode ir à internet
cachalote versus lula-colossal
há simulações de duelos entre animais
               [de ecossistemas distintos
entre animais em extinção
entre animais que não existem.
Há quem conjecture batalhas entre
               [dinossauros e dragões.
Você pode crer na infantilização do mundo

ou pode ficar horas assistindo no YouTube
      [a simulações desses embates
pode se sentir um idiota
ou pode defender a TV
panfletar Toda informação vale a pena.
Você acredita nisso
mas não sabe lidar com os desejos
controla-se
ou se cansa
e se lembra do dia em que ouviu
entre o som de ares-condicionados
geradores, motores, baterias
tomadas, toda sorte de frequências
e muitas vozes
você ouviu um indivíduo
uma única pessoa dizer para uma única pessoa

Até essa sensibilidade cansar de mim, tudo o que eu fizer vai ser para imitar o que vi.

Aquilo o desconcertou, e você passou dias pensando
que sensibilidade, o que vai ser feito
e, especialmente
você se perguntou o que foi visto.
Pode ser a morte
e você não pensa.
Ou pensa numa fruta caindo da árvore
ou se imagina pulando e constata
como um princípio básico de alguma ciência
que a fruta caindo é mais urgente
é fundamental que ela caia
é mais urgente que seu pés tocando
de volta

o chão.
Ou, finalmente
talvez você pare de fugir
e pense na velhice.
É isso que você quer
ficar velho
é isso que você teme.
Como se dissessem Você precisa pensar
Como se dissessem Pense nos velhos
os velhos chamam a mãe de mamãe
o pai de papai.
Você pode achar que é uma saudação à infância.
Ou pode achar que é medo
um deslocamento consciente
infantil.
Há outra hipótese, mas você apenas a tateia.
E se for desprendimento
uma maneira de alargar o tempo
não reconhecer um fim
não dissociar um começo?
A criança e a morte.
Você pode se deter nessa ideia
e não existe outra suposição
você quer se deter nela
portanto você se detém.
Você volta a pensar no sono
ou volta a pensar na inconsciência.
É a maior morte que se pode experimentar vivo.
A última sensação possível
você teme
a divisa entre o aqui e o nada
você teme
o último instante de atividade.

Depois, você sabe
os neurônios se apagam como as madrugadas
luz após luz, a sala, a cozinha, o corredor, o quarto
os olhos.
Você não consegue dormir
e você não para de pensar Todo bebê é igual
todo velho é igual
somos iguais quando nascemos
quando morremos.
Você se obriga a pensar
eu sou jovem
pele firme
ainda tenho viço.
Mas você sofre um contragolpe
os jovens também são iguais entre si
como os velhos e os bebês
muitos jovens precisam de pulseiras
algo que os identifique.
Não!
Como se dissessem Ser jovem
viver a pequena fatia da vida em que estamos aqui
em que somos nós mesmos
nos parecemos com nós mesmos.
Regar-se da própria individualidade.
Como não se confundir com o outro?
Como não se transformar no outro?
Você repete e repete Resistir é nossa maior batalha
resistir ao que nos quer destruir
resistir ao que nos quer igualar.
E, por ora, você pode não ser igual
é o que você quer
e você olha para o mundo
você se reconhece

e você se sabe desigual.
Você se pergunta todos os dias
como conciliar o fato de ser sul-americano
mestiço, falar português
como conciliar o meu lugar
o que sou
com aquilo que não sou
ou com aquilo que também sou.
Você tem respostas claras
ou fala consigo mesmo todos os dias
até se convencer da clareza
até não reparar nos detalhes
ou enxergar os detalhes com a vista distante
como quem usa um binóculo ao contrário.
Mas há o mindinho do pianista
mas há o pé do pianista.
Você pode rejeitar os detalhes
em geral é o que você faz
mas o que fazer com *estes detalhes*
coisinhas que habitam as galáxias e o fundo do mar
e o espaço entre as galáxias e o fundo do mar.
Há muitas histórias
como se dissessem Elas precisam ser contadas.

A MIM PARECE INADIÁVEL
como alguém que insiste, constrange, força
não quer esquecer.
No final de tudo, o céu lusco-fusco
meia-tinta
algumas palavras para o crepúsculo
um sinal verde para os pedestres
conto dois carros e
mais carros.
Distorcida pela ausência de luz
ou pela falta de firmeza nas mãos
a imagem não reage bem
perde o foco do início da noite
não há ninguém na foto
mas a rua estava cheia.
Por que o gesto?
Há uma quina de igreja, fios tateando o ar
um trilho
sem dúvida, um bonde
anos depois, são barras de ferro paralelas
em curva
torcem o quadro
expulsam em uma tangente.
O que na verdade eu não poderia esquecer?
Na melhor luz, na melhor fração da poeira
talvez o único momento em que não seria necessário
embora fosse o lugar certo
não era necessário
salvar o olhar, o dia
a memória, a felicidade
nem lembro se estava feliz.
Não tem a ver com saber as maneiras das calçadas
os caminhos em que seria menos provável escorregar.

Não tem a ver com andar distraído ou atento
dentro dos detalhes.
Isso ainda é permanente.
É mais uma suspeita
uma luz deslizando
um interlúdio que não é das pessoas:
a ruptura das hipóteses
do meu nome
quando o entorno se mistura
supera e não nos cansa
adensa.

Há a precisão da *saudade*
mas também não há.
Nem tudo define
acerta como a *dor*
nem sempre se encontra um sentimento.

Quem sabe o avesso do gesto?
Uma imagem que observe pessoas
câmeras, olhares
propósitos, evidências, manias
saudade e dor
e tudo além
além do que é permanente
do que é transitório
da suspeita
talvez a imagem
ao revés
enxergue
talvez conforte alguém perdido
talvez assimile a escuridão.

UM LEVE TREMOR NA PÁLPEBRA ESQUERDA
caso assistisse de fora ao próprio sono
saberia que é esse o primeiro gesto do corpo
o botão que desperta o resto dos músculos
que faz o braço esquerdo
sempre o braço esquerdo
levantar em direção ao olho
que coça inconsciente
ainda inconsciente como a respiração ou o coração
aos poucos os olhos abrem os primeiros pensamentos
o ventilador gira e move o ar no quarto
o ventilador gira em rastros redondos
todas as horas a mesma rotação
suas pás são extremamente retas
incorruptíveis
ele foi feito para isso.
De pé, a escova de dente, a pasta de dente
a cafeteira, o prato, a xícara
a pia, o registro da pia, todas as maçanetas
as roupas, os óculos ou a lente de contato.
Tudo é reto ou curvo
nada é mais linear que as coisas.
Onde não há apenas retas e curvas?
Há coisas mais complexas que o pensamento?
E pensamentos não são nada senão um encontro
a gente esbarrando com, contra
nas coisas.
E por que tantas coisas me mobilizam?
Se eu não chorar
a que servem os lenços de papel?
Se não houver fogo
a que servem os extintores?
Os objetos não são ingênuos

têm consciência
podem ser cínicos e predatórios
olhar para cima como crianças tristes
olhar de cima como pais covardes.
A raquete de tênis, diz o estudo
é a extensão do corpo do tenista
um braço imaginário e maior
como os violinistas
que não sabem o que é corpo ou instrumento
como os enxadristas
que já não diferenciam o tabuleiro do chão onde pisam.
A gente também é essas coisas.
Um pó azul-claro e mineral ao longo dos muros
a que serve?
Evita os cachorros, diz o porteiro.
Como uma grade evita ladrões.
Mas o ladrão escolhe o prédio sem grades
o cachorro escolhe o muro sem sabão em pó.
O cachorro não é um ladrão!
Naquele consultório
havia sempre lenços de papel
mas eu não vou chorar
quando saí da consulta
havia oito representes da indústria farmacêutica
apertavam-se no corredor estreito
eles não poderiam me vender remédios ali
embora eu tivesse receita
eles teriam que convencer a médica
levá-la a algum congresso nos Estados Unidos
ou com sorte na Europa
a médica me daria a receita depois
e assim
como naquele dia

eu poderia comprar os remédios que me fariam bem.
Como o sabão em pó, como o extintor
como os lenços de papel.
O ventilador gira ao redor de si mesmo e para mim
talvez eu seja o seu sol
ou talvez eu gire ao redor dele por baixo
uma lua caída
e as retas e as curvas sejam o meu ponto de vista
porque ele, de cima, eu não sei o que ele vê de cima.

UMA PAISAGEM PARTICULAR

Copacabana fora do quarto
dentro
o corpo aberto
a luz fria
nem o jaleco branco
as luvas brancas
a máscara verde
protetores de todos os tipos
nem o metal dos equipamentos cirúrgicos
os números amarelos e vermelhos do monitor
nenhum pensamento
nenhuma abstração
a estabilidade das mãos
a harmonia dos movimentos
nem o contorno das rodas
a sofisticação dos dutos de ar
o fluxo de oxigênio
ou a improvável segurança do cirurgião
do assistente
do instrumentador
do anestesista
do enfermeiro
a gaze e a touca
o tempo-metrônomo de cada gota
o compasso do ponteiro
o relógio redondo
os antebraços limpos
o sabão que escorre pelos dedos
a flora bacteriana
as bactérias boas
a solução de iodo e álcool
ou os antivirais

os antibióticos
a cortina que esconde e perpetua o mundo
o brilho selvagem da mesa cirúrgica
nem o Sol
Copacabana
nada
nenhuma forma é o pâncreas
nenhuma dor é o fígado
nenhuma das vinte pílulas
balinhas da velhice
as fotos, os patuás
coisinhas da idade
quase tudo funciona e reflete
um pouco
mas nada serve aos rins.

Qual é a cor dos rins?
Não sei.
Dentro do corpo é escuro
então invento
os olhos azuis fechados
os olhos anestesiados da minha avó
a cor da pele dos dinossauros.

NESTE LUGAR DE MÉTODOS E MEIOS
calcula-se
todos os dias
três mil mensagens publicitárias por pessoa
calcula-se
o valor dos elementos químicos do corpo humano.
   – Quanto?
   – US$ 160.

Quantas vezes piscamos por dia
os tímidos piscam mais
os cegos piscam menos?
E os jovens no computador
piscam?
Quantas vezes respiramos?
   – O caso que o psiquiatra narrou
a menina obsessiva-compulsiva
ela não conseguia parar de contar a própria respiração.
Uma respiração, duas, três, 20 mil por dia.
   – Nunca parava de contar?
   – Nunca.

Antes era estática
ruído
não havia 24 horas de programação.
   – Você ainda assiste à estática?
   – Tenho lido sobre ventos solares
na internet
todos os dias há uma aurora boreal
não era para ser fácil assim
as pessoas na verdade caçam essas luzes.
   – No Hemisfério Sul se chama aurora austral
aquilo que provém do sul.

– Nós.
– Oi?
– Desculpe, estou no meio de uma canção
los ojos morochos más lindos que vi.
Ojos morochos
falaria *ojos morochos* para sempre.
– Sabe o que eu acho bonito?
Pessoas no computador
em roda
rindo de vídeos no YouTube.

O futuro em discotecas para maiores de 70
competições na TV para quem passou dos 100.
– O vencedor escolhe sempre a vida eterna?
– Não.

Kim Jong-un controla a Coreia do Norte
o líder supremo
ele parece um bebê
com frio nas orelhas e na nuca
porque ele roubou uma tesoura
Kim Jong-un cortou o próprio cabelo
agora ele aprendeu a falar
e, depois da bomba de hidrogênio
disse
vai testar o míssil intercontinental
explodir os Estados Unidos.
– Pelo Atlântico ou pelo Pacífico?

VOCÊ ME CHAMA DE MONTANHA
uma montanha onde já nevou
uma sombra perfeita de uma árvore
um sussurro milenar, um uivo.
Não sou eu.
Também já me confundi assim
nomeei pessoas de mar
rostos, espelho d'água.
Talvez você seja um sol
mas eu, eu nunca vi neve
digo
vi uma vez um floco
logo que acordei, pensei ser uma pena
na melhor das hipóteses
um pássaro em muda
na pior, alguém matou
não dormiu
perdeu o travesseiro.
Mas era neve
o que eu achei pena
fuligem, papel
nada
era neve.
O dono da casa disse
tinha que ver pela manhã
nevou um ano.
Eu não consigo acordar de manhã
nem o floco
de olho aberto
eu não acreditei.
Eu nunca acampei
nunca dormi fora da cama
como posso ser uma montanha?

Nunca tive cachorro
nunca estive na floresta
nunca corri perigo, lobos
nunca ouvi um uivo que não viesse de um prédio.
O que eu sei da natureza
eu sei de cor
o sangue oxigenado
o ventrículo esquerdo
o sangue rico em gás carbônico
o átrio direito
as veias cavas
o ventrículo direito
as artérias pulmonares
o pulmão
o átrio esquerdo
eu sei de cor.
Poderia falar ainda sobre neurônios
sinapses
falaria a sério sobre isso
há uma palavra que até acho bonita
noradrenalina
há um site
ele se chama Remédios Loucos.
O que eu sei da natureza está dentro de mim
sem nenhum simbolismo
eu nunca subi em uma árvore
eu nunca vi um índio
e eu queria ter uma empatia natural por índios
eu queria amar de outra forma.
Eu gosto de poucas pessoas
eu tenho doenças de estimação
eu vejo o Sol
das 13h às 14h

ele brilha
reflete no aço
contra todo o aço
ele brilha
eu nunca serei um lobo
e que graça teria ser um lobo aqui.
Eu posso gritar
a gente pode se comunicar gritando.

VOCÊ ME CONHECE, EU NUNCA DURMO
eu não dormia quando cheguei.
Essa chegada
quando não se conhece nada
eu me afeiçoo aos objetos, nunca às pessoas.
Os desejos não conhecem todas as dimensões.
Ainda.
Quem são essas pessoas
quem limpa o lixo
quem come o lixo
eu sei, eu devia querer saber
quem mata o que a gente nunca.
Ela ali alheia a gracejos, olhares
ou declarações explícitas
quem é ela que não é atingida
mas também não sente
alguma coisa segue à frente
alguma coisa desliza inalcançável
e a impede de ser feliz.
Quando ela finalmente vai e o elevador desce
dizemos Tchau! Tchau! Tchau!
até o som das vozes se dissiparem
mas como saber se ela ainda me ouve
como ela sabe se eu ainda a ouço?
Agora eu já a conheço
agora eu já me interesso
não a ponto de saber quem vai desistir primeiro.
No fim do elevador, abre-se a nova cidade
onde os homens perfumam o próprio bigode
a eles
tudo sempre cheira bem.
Daqui, Vênus é tão pequena
é do tamanho de uma estrela

todos os planetas são Sputiniks
são estações espaciais
são balões perdidos a fogo no céu.
Aqui já não é novo
eu já não chego
o espaço é pequeno
a formiga é enorme
viaja por dimensões que nem imaginamos
não tem maiores problemas com a gravidade.
As formigas não ouvem
mas vibram com o som de tiros.
Eu ouço os tiros
e identifico o timbre das batidas de carro, ônibus
até de caminhões virando
mas ainda não ouvi
nunca ouvi uma árvore caindo
a árvore caindo.
Quem vai ser o último a dizer Tchau?
Eu posso ser o último a dizer Tchau
mas nunca vou saber sem ela.
A árvore cai, não há dilema
tanto quanto eu existo sozinho
tanto quanto cegos, surdos, mudos se tocam
quanto a Lua quando ninguém olha para o céu
a Terra, um pedaço de rocha escaldante
sem vida
existia
a radiação cósmica
ninguém a ouvia
mas hoje escutamos a estática do universo caindo
em nossa direção
bilhões de anos atrás
na TV.

Alguém vai nos ouvir.
O dilema agora é você, meu irmão
que misturou tudo
porque apesar de não existir mais o passado
um dia eu serei mais velho que você
e quando acontecer
eu não paro de pensar
o que vai ser do tempo?
No meu futuro em seu passado
qual onda gravitacional, qual radiação cósmica?
Quem vai fazer com que tudo se dobre e volte e vá
e que o caminho seja aquele planejado?
Nenhum pássaro raro, tudo bem
se conheço mais os pombos
se não sou afeito à rua
eu também amo a rua, tudo bem
o modo como ela impede e impõe o movimento
o meu movimento.
Que a rua esfarele com as britadeiras
que esse barulho que me acorda
que o ruído de asfalto ralado dê a volta no universo
como as sondas Voyagers
e seus discos endereçados a extraterrestres
com sons de baleia e Bach
que todos os ruídos confundam o cosmos
e me permitam ver.
Daqui, o espaço é grande
eu posso morrer, não sou mais criança.
Não consigo mais dizer
nenhuma palavra cessa
a lacuna – o vácuo – é tudo
você preenche, é bom
você deixa vazio, é triste

você inventa sentimentos que não existem ainda
ou chama de coragem qualquer expectativa natural
a vontade feliz quando o dia não começou
ou a tristeza, esperança na cama à noite.
Coragem.
Definir palavras com outras palavras
coisas com outras coisas
um esforço em vão.
Como definir o esforço para ter tempo
ou a convivência com a possibilidade de ter tempo
o temor pelo silêncio, pelo corpo parado?
Existe muito
o dinheiro tem cheiro
a comida tem cheiro
a madeira da mesa
o que fazer com tanto?
Pedir gentileza, nunca leniência
Pedir gentileza, nunca beleza
as coisas podem ser gentis, nunca condescendentes.
Na cidade velha o martelo pulsa
o ar-condicionado
o relógio
as paredes.
O corpo é a soma de suas partes
embora seja difícil de definir
a paisagem é a soma de suas cores
aqui não há algoritmo para formas
cardumes
exércitos de tartarugas
ninguém explica por que
no limite entre o dia e a noite
os cachorros latem para o céu
eles alertam sobre a escuridão

os cachorros já conhecem essa dor?
O som da matilha chega ao meu apartamentozinho
aqui dentro, soldadinhos de chumbo
presente de infância dos meus primos
pintados um a um, com dedicação específica
aos quais não fui receptivo
pois de fato não são bonitos
e aos 4 anos ouvi de minha mãe
nunca critique a boa vontade
eu olho para os soldadinhos de chumbo
eles me lembram de quando aprendi boa vontade
o significado e o gesto
minha mãe
não tenho lembrança mais antiga que essa
os latidos e os bonequinhos a postos
ajoelhados
alguns estranhamente acuados
como se entendessem o aviso, o perigo.
O céu está branco
o mar, preto
quase não existe azul na natureza, certo?
E o azul é tão lindo
na Antiguidade não havia palavras para descrevê-lo
só os egípcios
o azul egípcio
o último azul se chama YInMn
foi descoberto num laboratório, em 2009
a 1,2 mil graus Celsius.
O azul ultramarino faliu Vermeer
impediu Michelangelo de terminar O sepultamento
o azul ultramarino é um tubo de tinta que custa 10 reais
mas valia tanto quanto ouro
tem dias em que minha avó está azul

não me refiro às roupas
ela é o próprio azul
como se o seu azul absorvesse todas as cores
e só restasse o azul minha avó.
O mundo dos gregos era preto e branco
com algumas pinceladas de vermelho e brilhos metálicos.
Eles não reconheciam o azul como azul
mas o azul
a radiação cósmica
a gravidade instantânea de Newton
a gravidade no espaço-tempo de Einstein
as árvores existiam
entre pré-oceanos
pré-continentes
entre sapiens e denisovanos
entre fogo e vento
as árvores vibravam e cintilavam
caíam e renasciam
como o azul dos olhos azuis da minha avó.
Onde será que isso começa?
A correnteza sem paragem.
Aqui eu já cheguei há séculos
desde sempre e agora e no futuro
Caetano, se eu o conhecesse seria desconcertante
no fim, contudo, falaria de papai
ele está cansado
ele não admite
mas meu pai odeia louça suja
e hoje a pia está cheia e já é noite
meu pai, que vida
mamãe, maninho
maninho, que saudade
paizinho, já nos imaginou juntos pela esquerda?

Dois Camelos canhotos
você é sincero, diz que não jogava bem
mas tinha um chute
eu, pai, eu jogo bem
mas como você sabe eu não sou objetivo
eu luto contra, eu tenho medo, pai
nós dois
do nosso lado
ao menos uma bola sobraria
e eu rolaria e você chutaria
com esses trejeitos esquerdos
com o corpo um pouco inclinado
como se o giro da Terra fosse óbvio
e por isso nos deitamos um pouquinho
compensamos e nos protegemos
como as conchas dos caracóis raros
ou os aminoácidos que dão origem à vida
somos voltados para a esquerda.
Pai, queria ver você jovem.
Eram as mesmas dores de agora?
Aquele homem que o fez gaguejar
você já sentia essa insegurança?
Essa chegada. De novo.
Agora eu vou olhar com calma.
Até já, Caetano.
Parte o trem
ainda na estação
um pai carrega o filho nos ombros
três mulheres e um homem conversam
no horizonte, o Sol diz mais ou menos sete da manhã
diminuo o brilho do computador
e assisto à viagem melhor pelo YouTube.
Uma montanha ao fundo delimita o caminho

saio do escuro de um túnel de cinco quilômetros
o maior da região, li depois
são dez minutos de breu com raios laterais de luz
uma viagem cósmica
embalada por cochichos ininteligíveis do maquinista
ele deve estar perto da câmera, imagino
e ruídos metálicos
uma suspensão espacial muito peculiar
estou no sofá de casa, está quente
o gato ao lado parece maior
estica o corpo contra a parede
na TV, neve, verde, céu, estradas
animais, Sol, neve, neve, neve, neve
túnel, neve, túnel, neve, inverno
o trem desacelera na primeira
segunda estação.
Nada, nenhum grande fato ocorre.
Você me conhece, eu nunca durmo
e raramente se trata de fatos
e sim da pulsão da atenção
do relaxamento da desatenção
o olhar vigilante, o olhar de viés
como quando o trem para em Finse
um vilarejo montanhoso
um lugar impossível da Noruega
no Google Earth, a cidade são pixels brancos.
Estamos parados há cinco minutos
tudo está congelado como a neve
quando uma criança passa ao fundo
ela esquia de modo muito rápido
e muito feliz.
O trem parte
a imagem e a criança dilatam e comprimem

são um coração
o gesto movimenta e atravessa o tempo
que reage, como numa fissão nuclear
separando o núcleo de todos os átomos
o trem, os fiordes, o trilho e o som
o Sol e tudo aquilo que vimos e já ficou para trás
a paisagem vai mudando sem pressa
mas a energia já foi liberada
e o ponteiro se movimenta
ao invés de menos um
menos um
ele diz mais um
mais um
e, quando percebemos
a neve ficou verde, o gelo virou água
o tempo aconteceu.

Essa é a sensação que procuramos, certo?
Todos os dias em todas as coisas
em todas as pessoas e com sorte na gente
qual foi a última vez que você sentiu?
Isso
isso que você não acha, a razão de tudo
isso já existia antes
ou foi você quem deu início a isso?
Você consegue descrever isso?
Num momento assim
ela já disse Você é maluco!
Isso.
Ela sorriu, com uma vergonha casual
porque foi elogiada
sempre é assim
essa mistura

a certeza absoluta e a dúvida sincera
uma onda grande no momento exato
isto é, quando ainda é grande
no segundo antes de quebrar e virar lã.
Isso.
Quantas cidades já visitamos
quantas vezes já sentimos de novo
e de novo?
Uma chegada antiga
uma partida nova
o mar como começo
o mar como destino
estamos na praia
numa ilha
na Lua
ou por entre brilhos e ofuscamentos
em outra galáxia, vai saber
de todos os lugares o mar é um círculo
se a terra sumisse, água e sal derramariam
até acalmar
e os continentes seriam
teriam que ser oposição
afinal, com a morte do mar
tudo ficaria estático
abismos secos e profundos
montanhas pós-oceânicas
solitárias
porque é a água, e não a rocha
que nos faz parecer únicos
ou uma unidade
o que enfim chamamos Terra.
Nesta cidade, eu já durmo um pouco
você me conhece

sabe o que eu acho de certezas
no máximo, são suficientes para criar acasos
é por isso que agora mostro os dentes.
Veja os meus dentes
estou tempo demais no computador
posso tirar uma selfie
e lembrar a minha existência física
lembrar que nem sempre é fácil ver o tempo
tantas vezes
a única marca do tempo é a gente
e quando leio sobre artificial × real
essa equação mal-ajambrada
eu penso de novo no tempo
olhe os meus dentes
não faça troça de peixes
não os acalente se você vai matá-los
não os abrace, isso não é amor nem ironia.
Os cavalos têm 17 expressões faciais
os cachorros têm 16
chimpanzés, 14
os humanos têm 27
os cavalos
a exemplo dos humanos
ou por influência dos humanos
ou em ensinamento aos humanos
vincam as sobrancelhas
também arregalam os olhos
têm medo.
Volto ao corredor do avião, já faz um ano
Elisa vira para o lado oposto
ainda dorme
eu nunca durmo em aviões
enxergo por dentro da minha pálpebra

escuro, escuro e depois imagens aleatórias
no metrô, uma mulher com a perna destruída
e o homem, um tronco sobre o skate
mãos em impulso veloz sobre o chão
se contra fatos não há argumentos, a mulher diz
minha perna são os fatos contra os argumentos
o homem desliza recolhendo o dinheiro.
Sorte é mentira, diz uma tatuagem na praia
A vida é um milagre, diz um muro de Botafogo.
Coincidência?
Coincidência é a palavra adequada?
Diante de todos os processos químicos
físicos, biológicos para que eu seja eu
e não nada ou outro
eu também chamaria a vida de milagre
um milagre imposto, como tantos.
O polvo edita o seu próprio RNA, diz a revista de bordo
três quintos de seus neurônios estão nos tentáculos
o polvo sente e pensa com os braços.
Chega a informação
há uma área no cérebro que se chama claustro
dizem que o claustro é *o condutor da consciência*
porra, o *claustro*
acordo fora do avião
ainda nervoso, tento explicar a ela
não quero o soco do caratê
a precisão do Bruce Lee
não quero ser *como água*
ou Muhammad Ali ou Anderson Silva
eu não quero um soco certeiro
uma vida sublinhada
não sei se quero o soco bruto
um universo não condensado

toda a sua força horrível, um gesto horrível
uma beleza inesperada
não sei
que seja um gesto amorfo
a asa do avestruz, sem serventia
que seja um tendão, um apêndice
resquícios da evolução
empecilho para alguns movimentos
mas que não custe a nossa vida
que a seleção natural nos deixe em paz
num tempo nenhum, sem elo.
É de manhã no vão do prédio
ouço o rádio dos vizinhos
os sons se entrelaçam
não fosse a voz metalizada do radialista
acharia que o radialista está cozinhando alho
e o vizinho divagando
com a convicção de uma curva acelerada
sobre machismo.
Será que tudo me interessa?
Cada coisa é demais e tantas.
Quais eram minhas esperanças?
O que é ameaça e o que é promessa?
Eu me sinto estranho quando me encorajam a lutar
mas, quando me senti mais bonito
tive vontade de interferir em alguma coisa
foi um sentimento e tanto
uma brutalidade volúvel.
Mas eu não sou assim.
Repita, Thiago, Você não é assim.
Faça boxe, diz o Marcelo.
Você precisa fazer boxe, insiste o Cássio.
Não sei. Basta um soco?

Essa chegada, eu já não sei.
Você descreve a vida ocre
quase verde
como neve que congela e derrete
congela e derrete
mas eu lhe disse, eu nunca vi neve
como vou entender essa metáfora?
Eu não sou como o Caymmi
não venço tristeza com copos d'água
eu entro na Igreja de São Domingos em Lisboa
e vislumbro um mundo pós-nuclear
uma igreja com cicatrizes aparentes
700 anos de terremoto e brasa
não há marcas de calma
no entanto, em pé
como quem tem fome
mas na verdade é sede
como a tristeza
mas na verdade é fome.
No avião, na terra
na Igreja de São Domingos
somos ternos como olhos de cavalo.
Quem sabe o que seremos em 50 milhões de anos
petróleo ou opala?
Uma libélula fotogênica
ou um burro lindo num estado primitivo de burrice?
Em que cidade, em que chegada?
Explosões potentes e breves
funis de energia
e a gente num selvagem abandono.
Maninho, eu queria voltar ao avião
queria consertar tudo, que saudade
eu queria voltar um ano

voltar à São Domingos
eu não estou no avião
eu estou no avião
realismo sagrado, eu li
melancolia ativa, eu li
é o que faço
é o que sinto muitas vezes sem querer, sem querer
que exista o seu deus, que exista, meu irmão.

© Editora NÓS, 2017

DIREÇÃO EDITORIAL Simone Paulino
EDITORA ASSISTENTE Sheyla Smanioto
PROJETO GRÁFICO Bloco Gráfico
ASSISTENTES DE DESIGN Lais Ikoma, Stephanie Y. Shu
PRODUÇÃO GRÁFICA Alexandre Fonseca

*Texto atualizado segundo o novo
Acordo Ortográfico da Língua Portuguesa.*

Dados Internacionais de Catalogação na Publicação (CIP)
(Câmara Brasileira do Livro, SP, Brasil)

Camelo, Thiago
   Descalço nos trópicos sobre pedras portuguesas
   Thiago Camelo
   São Paulo: Editora Nós, 2017.
   96 pp.

ISBN 978-85-69020-22-6

1. Poesia 2. Poesia brasileira I. Título.

17-05828   CDD-869.1

Índices para catálogo sistemático:
1. Poesia: Literatura brasileira 869.1

FONTE Tiempos
PAPEL Pólen bold 90 g/m²
IMPRESSÃO Intergraf